자연의 꿈

자연의 꿈

김순여 제4시집

해암

| 시인의 말 |

네 번째 시집입니다.
글과 밀회를 즐기며 가슴을 정직하게 표현했고,
이제 나의 뒷모습도 보이는 시집인거 같습니다.

비록 초라하지만,
자신의 존재를 시를 쓰는 일로
노출할 수 있었기에 행복하였습니다.

삶의 슬픔과 기쁨 속에서
긴 호흡으로 자신을 다스리는 법을 알았고,
고통스런 마음을 위로해준
든든한 위로자였음에
시에게 감사함을 느낍니다.

2025년 4월
청향 김순여

| 차례 |

새 봄이 오면

13 • 매화 꽃
14 • 음악이란
15 • 자연의 꿈
16 • 새 봄이 오면
17 • 2월을 보내며
18 • 낙화
19 • 철마 이곡리
20 • 친구여
21 • 가면 속에서
22 • 기장 멸치축제
23 • 꽃피울 목단
24 • 나의 네비게이션
25 • 나의 노래
26 • 떨어지다
27 • 물 한모금
28 • 봄 마중
29 • 사위 택배
30 • 슬픈 카네이션
31 • 유리창을 닦다
32 • 잔디 꽃 모종
33 • 장애가 된 천리향
34 • 흔들림에

여름

주인 잃은 악보

- 37 · 마주보며
- 38 · 꽃피는 식탁
- 39 · 굽은나무
- 40 · 빗방울
- 41 · 동거
- 42 · 삭제된 문자
- 43 · 문을 닫다
- 44 · 주인 잃은 악보
- 46 · 미묘한 차이
- 47 · 산수국
- 48 · 삼성궁에 들다
- 49 · 성모의 밤 행사
- 50 · 소낙비
- 51 · 신나는 스트레스
- 52 · 어둠 속에서
- 53 · 우울한 날씨
- 54 · 장마철
- 55 · 젖은 바닥
- 56 · 하늘엔
- 57 · 혼돈 속으로

| 차례 |

가을

낙엽을 줍다

- 61 · 달을 보며
- 62 · 낙엽은 지고
- 63 · 낙엽을 줍다
- 64 · 기분전환
- 65 · 구름 속에 숨긴 시간
- 66 · 강물에 비친 달빛
- 67 · 조용한 삶
- 68 · 연인들
- 69 · 석양은 노래를 싣고
- 70 · 서산에 걸터앉아
- 71 · 밥을 먹기 위해
- 72 · 떠날 준비
- 73 · 나뭇잎
- 74 · 바닷가에서
- 75 · 노을
- 76 · 9월이 오면
- 77 · 거창 저수지에서
- 78 · 가슴시린 해후
- 79 · 배고픈 손수레
- 80 · 넘어지다
- 81 · 겨울 문 턱에서
- 82 · 가을이여
- 83 · 벽
- 84 · 문화로
- 85 · 모자를 쓰다
- 86 · 마네킹
- 87 · 딱새에게
- 88 · 시월이여
- 89 · 시간 도둑
- 90 · 인생
- 91 · 배추 모종

겨울

바람 부는 대로

- 95 · 그대 곁으로
- 96 · 별리
- 97 · 골목길
- 98 · 눈 쌓인 산
- 99 · 한 해를 보내며
- 100 · 물 흐르듯
- 101 · 바람 부는 대로
- 102 · 사랑스런 큰 딸아
- 103 · 악보를 친구삼고
- 104 · 불면에 시달리며
- 105 · 겨울 바닷가
- 106 · 해운대 밤바다
- 107 · 나의 조국이여

자연의 꿈

김순여 제4시집

봄

새 봄이 오면

매화 꽃

숲에서 겨우내 쌓인 외로움
비발디 사계 봄을 손잡고
눈물겨이 피워 올리는 망울이여

얼어있는 땅위에
눈속에서 꽃을 피운 설중매
순결하고 고혹적인 매향
사군자 중 으뜸이어라

얄미운 넌 꽃잎은 천사로다
망울과 만개 낙화
세 번을 만나보면
너를 알리라 봄을 알리는 눈빛

햇살에 고운 꿈 수놓은 미소들이여
봄이 오는 숲속에서 찬서리 내린
실가지에 핀 고귀한 꽃이로다

음악이란

비밀스런 은밀한 곳까지 찾아와 치유해 준다
일상속 묻어있는 먼지도 씻어내고
위로와 용기를 채우며
그리움도 자아낸다
따스한 아지랑이가 되기도 하고
잔잔한 호수에 청둥오리 떼가 되어
기분을 전환시켜 눈을 크게 뜨게 한다
청량한 하늘에 구름되어
앉아 보기도 하며
하얀 눈송이 되어 나무위에 꽃을 피운다
우리들 마음을 촉촉이 적셔주는
신비한 힘을 가지고 있다
지금도 귓전엔 바빌로프의 아베마리아는
흐르고 있다
아름다움 감미로움 평화로움

자연의 꿈

고요를 머금은
자연 소리에 귀를 기울인다
숲에는 노루가 풀을 뜯고
호수에는 우아한 백조가 노닐고
그곳에 작은 배를 띄우고
우아한 무지개를 바라보며
지그시 눈 감으면
바람이 데리고 온 치자향에 잠든다
날이 밝으면 새가 되어 날아도 보고
밤이되면 별이되어 세상을 비춘다
아련히 떠 오른 한 줄기 빛이여
비밀스런 낙원에서 청아한 꿈을꾸며
음악속 여신과 밀어를 속삭이자

새 봄이 오면

어둠속에서 깊은 잠 깨어나
매서운 바람 스쳐간 밭 둔덕에
얼음땅 헤집고 숨쉬는 생명

앙상한 나무에 눈 비비고 깜박이는 새싹들
냇물을 잠 깨우고 절벽 아래까지
신호를 보낸다

새롭게 깃을 펴고 잠든 창공을
흔들면 새들이 날아와
봄의 왈츠를 연주한다

부드러운 빛살 해맑은 영혼
겨우내 웅크린 무거운 어깨가 어린봄에
안기어 다시금 찾아온 새봄 양지 바른곳
감나무 한그루 그려야 겠다

2월을 보내며

우아한 꽃 드레스 입고
나비 손잡고 눈웃음치며 걸어오는 3월
바쁜 걸음으로 뛰어가는 2월은
뒤 돌아보지도 않고 가버렸네요
생각해 보면 입춘과 우수가 있었고
갑자기 내린 눈으로 사람들이
추위에 많이 힘들었지요
봄으로 가는 마지막 과정이기에
참을수 밖에 없어요
' 넌 끝자락은 언제나 그랬어 '
하지만 눈바람 추위로 산과 들에
새싹과 꽃눈을 싹틔워 할일을
마무리 하고 가는구나
내년에 다시 만나기를 약속하며

낙화

벚 꽃잎 떨어져

쌓여 있음에

얄미운 바람인줄 알았더니

무심한 세월이구나

철마 이곡리

일찍 일어나 배낭하나 걸치고
치유의 숲에 와보니
매실나무와 복숭아나무 마른가지에서
눈을 트고 눈 웃음친다
죽음을 건너 일어서는 새 생명
땅속에서 뿌리와 뿌리 서로 껴안고
살아 있음을 소리낸다
거름을 주며 속삭인다 튼실하게 자라기길
긴 추위 이겨내고 손길 기다리는
여린것들 생존을 확인하고
눈 맞춤하니 햇살이 달콤하다고
재잘거린다

친구여

구름은 세월을 휘감고
바람따라 날아간다
친구여 천천히 가자
개구리 우는소리 새싹 움트는
모습도 눈 맞추고
거친 파도를 조심스럽게 헤쳐나온 우린
고단한 여정을 멈추고
봄 문턱에 앉아 쉬어가자
남촌서 불어보는 봄바람도 맞이하고
자연속 아름다움에 감사하며
음악의 선율을 나누며
긴 호흡으로 여유로운 차 한잔 나누자

가면 속에서

두구동 땅 부자 박영감은
먹는 것이 노숙자다
다섯 번째 거래를 한 고객이지만
뒷골 당기는 요구를 고집 한다
땅을 매도했지 박힌 석축은 빼어간다
비명 지르는 돼지우리 속에서
심장을 보호대로 감고
굳어버린 대화 풀어간다
깊은 강을 건너 빠져나와
두 얼굴로 참아내고 나니
봄 빛 앞에 말 벌떼가
몰려와 쏘아댄다 머리가 찔리는 아픔을
꽃 집에서 주름잡힌 눈가에
꽃 향기 바르고 귀에 쌓인 먼지를
모차르트로 달랜다

기장 멸치축제

봄 빛 찾이든
대변항에 큰 멸치가
하늘을 날고 있다
접시위에 회무침과 석쇠에
익어가는 구이는
바다 빛을 가슴에 드린다
무대위에서 멸치떼가 춤춘다
그물에서 털려나온 은빛 몸짓에
바다는 햇살속에서 보석이 된다
맨몸 가지런히 누워
소금을 덮고 깊은 잠에 빠지는
물에 젖은 미이라다

꽃피울 목단

기장 철마 작은 언덕에
붉은 소나무와 혼숙하며
동박새 노래를 동그랗게 말아
뿌리를 밀어내고 나온 새순
시린 발등위로 해맑은 얼굴이
주위를 두리번 거린다
지난 여름 생가에서 쫒겨나
속살까지 파고드는
바람속에 노숙하며 어둠에 움추렸다
봄 햇살에 샤워를 하고
펼쳐보일 꽃잎을 숨겨 가졌다
그대품에 안길 핑크빛
고백을 준비중이다

나의 네비게이션

시계가 신호하는 숨 소리에

몸은 기계가 되어 움직인다

뿌리 내리지 못한 어깨가

이른 새벽 짜여진 시간표에
발을 내 딛는다
숨 고르기 중심을 잃고
운동화 닳도록 동서남북 맛 보았다
위반 고지서는 되돌아 가고
마주한 언덕을 넘어서면 눈 앞에
발가벗은 녹음이 애무해 주겠지
솔 바람에 지긋이 눈감고
곤줄박이 웃음소리가 귓전에 맴돌 때까지

나의 노래

창틈으로 새벽이 걸어오면
어젯밤 보다 유리창이 환하다
다시 시작되는 아침이라고
머리맡 알람소리가 등을민다
서둘러 숲속 산책길 나서면
선잠 깬 새 떼들이
졸고있는 바람을 흔들어 깨운다
간 밤에 동백과 어깨를 맞대고 잠든
빨간 철쭉이 응석을 부린다
가벼운 걸음으로 콧 노래 부르며
돌아와 촛불에 기도 올리면
또 하루가 시작된다

떨어지다

서울 도심지 종로 빌딩 유리창에
멋진 숲이 숨어있다
검정색 머풀러 동여맨 박새
아기 새 들과 이소 하는 길
창에 부딪혀 순간 비명도 없이
바닥에 추락하고 말았다
길 섶 모퉁이에 죽은 새들 날개는
수없이 쌓여만 가고
유리 창 속 나무는 새를 기다리다
가지가 부러져 떨어지고
젖어있는 길위로 난 눈물 자욱을
사람들은 밟고 지나간다

물 한모금

평사리 한옥 정원에
황매화 그늘아래 대나무 관에서
흐르는 물을
조롱박에 꽃을 띄운 물한잔에 취하여
노란 실눈에 웃음먹은 사내는
호랑나비 되어 들녘을 헤맨다
돌담길 백모란에 앉았다가
엉덩방아 놀란 나비는
날개를 다듬질 하여
향기따라 높이 나른다
꽃들은 숨바꼭질 하였고
담벼락 웃고있는 개나리에 앉아
갈길을 잃고 허우적 된다

봄 마중

겨우내 움추렸던 몸과 마음 결으로
따스한 햇살이 찾아왔다
마른 가지에 새싹이 실눈을 뜨니
목련 봉우리가 봄을 키우고
눈 웃음치는 소녀 재잘되는 듯
새들 노래 소리가
달콤하게 느껴지는 뜨락엔
마른 갈꽃들도 생기를 찾았다
지난봄 꽃들 떠나보낸 사람
많은 이별을 무심히 보내고
새 봄에 환하게 피어날
예쁜 꽃들을 기다리고 있다

사위 택배

새해 첫 택배는
황금 돼지가 달린 사각박스
쪽빛 바다를 노젓고
벚나무 사이사이 바람을 타고
숨차게 달려온 선물이다
하얀 종아리를 땅속에서 척 빼서
남해 갯 내음에 비벼
정성으로 약탕기에 바쳐 쪄낸
홍삼의 비경이다
포장을 열자 후각이 찡하다
지난 이맘때 보내준
시디 한 장 기억을 털어낸다

슬픈 카네이션

오월 붉은 꽃 송이에
휘어진 허리 숨소리와
삭은 무릎 따다닥 소리가 들린다

밥상에서 제일 먼저 숟가락
놓으시던 이유를 늦게 알았고
비뚤어진 길도

바른 길로 걷게하신 회초리
자식위해 두 손 모으시던 모습
가슴에 아려 옵니다

절여진 속내를 알았으나
먼 곳에 계신 어머니
양지녘 풀 밭에 카네이션 한 송이 올립니다

유리창을 닦다

죽성 바닷가 밭 이백평을
매입 하였다 경계에 산다화를 심고
잔디도 심었다
상호는 여백으로 정하고
정원을 꾸몄다 이동식 카페를 가져가
탁자에 커피와 과일을 놓고
물망초 노래도 풀들에게 들려주었다
출렁이는 바다속에 뿌리내린 바위에서
가마우지들이 노닐고 자맥질을 한다
우유 빛 물거품이 손짓 할 때
하늘을 끌어 안고 지긋이
눈을 감으면 낙원이지요
때로는 출구가 필요할 때 오세요
제 땅은 취득세는 내었지만
재산세가 없는 곳이지요
자동차 앞 유리를 닦습니다

잔디 꽃 모종

울타리 줄지은
동백 나무아래 귀엽고 새침한
잔디 꽃 모종을 심었다
눈빛이 애처러워 쓰다듬고

"높은 곳은 쳐다보지마"
고개가 아프단다

발가락을 펴고 땅속을 기어보렴
바람이 심술궂게 헤칠까봐
소나무 등 뒤로 몰아 버렸다
눈을 크게 뜨고 반디불도 찾아봐

다시금 봄이 오면 줄기마다
싹 틔워 등불 켜고
분홍 빛 길을 트겠지
동산에서 귀염둥이가 될거야

장애가 된 천리향

빛 고운 자리에 향기좋은 꽃
비명소리 듣지못한 미련스런 사내가
한 쪽 어깨를 떨어트린 예초기

눈물로 채워진 내 가슴
미안해 가여워를 외치며
숲 계단에서 아파하는 줄기를 감싸고
쓰다듬고 용서를 구했다
숨소리가 거칠게 울어댄다
지켜주지 못한 내 탓이요
달래어 쉬게하고 밤새도록
내 어깨가 통증에 시달리어 어둠을 업고
뒤적이며 새 봄이 오길 기도한다

흔들림에

시월을 보듬은 햇살은
쟈스민 꽃잎에 나신으로
초코렛 향에 흔들린다

솔 바람이 간질이고
몸을 감아 흔들어도
도도한 보라꽃은 쉽게 문을 열지 않는다

꽃 시장에서
낯선곳에 옮겨온 무거운 시간
움켜쥔채 잔뜩 움츠리고 있다

오렌지색 장미가
'괜찮아'
구부러진 발목을 펴주며 다독거린다

여름

주인 잃은 악보

마주보며

장마 빗줄기가 세차게 내리는 날은
발을 담근 아파트는 회색 몸을 씻는다
방문을 몇 개 열어봐도
돌아온 정거장은 책상 앞이다
메마른 고요 속에 데워주는 손 이 그립다
하얀 눈을 감고 정지된 하루는 터널 속이다
마음에 불 빛 하나 켜고 마주보는 창가
빗방울이 또 하루를 감고 간다
가슴에 고인 물줄기 비명으로 강으로 흘러간다
시린 상처들 바람이 치유하고
무지개 핀 망초꽃 무리에 초라한 기억들이
되 살아 나지만 발자국으로 다듬고
어깨를 펴고 가쁜 숨결로 날려 보낸다

꽃피는 식탁

움켜쥔 무거운 시간을 벗어나
따스한 아궁이가 있는
저녁 식탁에

케익 위에 불 꽃 피워
꼬막 손 으로 손뼉치는
축하 노래에
그늘을 숨겨 버리고
웃음 꽃을 피웠다
눈앞에 재롱이가 흔들어 대는
울타리 없는 채송화에 마음 빼앗기고
눈으로 먹는 음식은
부러울 것 없는 정원이다

굽은나무

더위가 야위어 가는
새벽 잠에서 깨어
눈에서 가슴이 흐르는 정씨
대기업 외국지사 근무중
아랫사람 잘못으로
의자를 넘겨야 했다
고등학생 아들 딸과
링크암 투병중인 아내곁에
출근준비 묶어두고
타들어 가는 속내
어깨 늘어져 바닥에 닿고
발자국 소리 치열한 거리에
정씨 창가에 섰을 때
햇살 한 줄기 굽은등을 쓰다듬었다

빗방울

빗살 무늬로 금긋는 비에
숲은 손 흔들어 댄다
목마른 나무들 반기는 소리에
소쩍새 날아가고

수염달린 호박 넝쿨 위에도
옮겨 심은 백합
질식되어 늘어진 잎새도 일어나며
줄기를 곧게 세운다

우산 속 느긋해진 발목
시간을 잊어 버리고
머리위 떨어진 물방울
동심원에 자리잡고 흥얼댄다

동거

남창시장 장날에
청둥오리 여섯 마리 사가지고 온 이씨
철마 개울가에서 가족이 되었다
몸이 큰 황새가 오더니
눈 꼬리 올리며 텃새를 한다
머리 숙이고 숨도 쉬지 못하는 새끼 오리들
낯선 동네 오니 어미 둥지 그립다
비 바람을 이겨내야 새 길이 열린다
눈에 늘 들어오는 오리 새끼
눈만뜨면 달려가 먹이를 주는
재미에 흠뻑 빠진 어느날
물에서 줄 세워 노닐 때
꽁지 물무늬가 안보이는 날엔
풍선 눈 되어 찾는소리가
풀잎과 대추나무를 떨게한다

삭제된 문자

실비에 창문이 젖는다
외면당한 문자를 눌러본다
빛을 발한 글씨를
흔적없이 하나씩 지우며
가슴에서 털어낸다
번호까지 되 돌려 보내도
치유되지 않는 통증
한 번씩 재발하여
밤 인데도 빛이 밝아
깊은 잠이 들지않는 숨소리
시들어 버린 상사화를 잘라
잡풀로 묶어
깊은 강물에 던져 버렸다
굳게 닫힌 창 틀에서
젖어오는 소리 외면하는 아픔
실비에 유리창이 젖는다

문을 닫다

해운대 바닷가 아파트 주차장은
팔월 장마비 선물을 받아
차들이 노숙자 되었다
바닷가 모래는 자루옷을 입고
쌓여진채 출입구를 막고 있다
쉼없이 날아오는 안전문자가
모래 탓에박혀 한숨짓고 있을 때
끊어진 전기와 수돗물을 찾아
입주민들은 피신하고
밤이어도 한 낮되어 몸을 뒤척이며
며칠째 체육관 바닥에 젖고 있다
먹구름 속에서 빛을 잃고
빗줄기만 바라본다

주인 잃은 악보

건반위에 지쳐있는 꿈 악보는
주인 찾아 발이 부르트고
그대 오실까 기다리던 무대
하얀 울음 차 오른다
못잊어를 바리톤님 애절하게
연주 하시던 그 시간

그님은 차거운 바닥에서 두눈을 감으셨네
무거운 침묵 가쁜 호흡만 토해낼뿐
슬픔에 찬 하늘도 회색 빛으로 물들고
빗물이 가슴마다 내린다
한마디 남기지 못한채 먼 길 떠나신 님이시어
하늘높이 무지개로 태어나
꽃길만 걸으시고 언제든 봄을 입고
꽃으로 우리곁에 찾아오소서

지금도 온화한 미소로 불쑥 찾아올 것 같은 생각에
잠겨 있습니다 아무리 찾아봐도
볼 수 없는 얼굴이여 어드메 꽃속에 숨어버린
그대가 보고 싶습니다

미묘한 차이

말이 풀리지 않는 실타래는
새벽에 다시 종이위를 걷지만
문장은 길을 잃고 헤매인다

건널수 없는 하늘 다리를
수없이 쓰고 지우며
길 만들기를 되풀이 한다

분수 솟아 오르는 물 줄기를
시멘트 바닥에 놓치고
구름 난간에서 서성일 때

틈새 없는 눈 초리가
등 뒤에서 두들기지만
다시걷고 걸을뿐

산수국

봄 꽃들 떠나고 나면
초여름 새침대기 등장한다
키 큰 소나무 아래서

곱게 단장하고
청보라 옷을 입고
별이된 유성화 무리에서

손 뻗어 나온 얇은 무성화
움직일 때마다 터지는 웃음 소리
쉽게 변심 하는 걸 알았으니

잡히면 안되지 하면서도
모여있는 별 송이에 취해버린 난
은하를 꿈꾸며 많은 모종을 심었다
물기에 젖은 꽃 그림 그려본다

삼성궁에 들다

지리산 청학동 삼성궁 입구에서
지팡이를 잡았다
신선계로 들어온 신비함에 빠져
덩치 큰 바위를 끌어안고
발동한 오감으로 교감중이다
승천하는 용 비늘이 떨어지는
높은 산을 씻어내리는 물소리가
망태기에 숨어있는 그림자를 안고 간다
산골 돌아 떠나는 물은
뒤돌아 보지 않고 쏟아진다
동굴 속에서 힘겨운 말 발굽소리 내어
걸어 갈길 세어보는데
날아온 청학 등에 엎히어
무릉계로 날아간다

성모의 밤 행사

어둠 깔린 잔디밭 높은 동굴속
줄장미가 에워싼
빛이 나는 성모님 앞에
묵주 기도는 음계가 되고
한마음으로 밝힌 촛불은 불꽃피어
금빛 바람에 춤춘다
붉은 장미 관을 쓰신 마리아
고개숙인 미소에
이슬맺힌 눈동자 풀잎향이 코 끝을 간지른다
은총 샘이신 어머니시여
장미향에 숨어있는 저의 기도를 들으소서
높은 곳에 서 계신 성모 마리아여

소낙비

먹구름 몰고온 빗소리가
바다에 요란 스럽다
하늘은 엉킨 응어리를
비로 쏟아 부으면서
거리를 황토 빛으로 물들인다

참치못한 분노를

천둥 번개로 통곡하며
바닥을 치고 있다
긴 장마 벗어나
눈부신 햇볕을 기다리는
발목이 투덜대며
감금된 쉼표를 찍고 있다

신나는 스트레스

신도시 넘치는 아파트 숲에서
때로는 호흡이 가파라 질 때
이마를 동여매고 동백섬으로 간다
카드결제 없이 푸른 하늘 데려와
눈을 치유하고 길 섶 언덕에 핀 동백꽃에게
하트를 보내면
오륙도 에서 날아온 청년 바람이
머리에서 발 끝까지 샤워를 시켜준다.
지그시 눈 감고 솔향에 경락을 하면
몸은 모시 나비가 된다
우유빛 파도에 미세먼지를 씻어내고
돌아오는 발 걸음은 스폰지를 밟고가는 느낌이다

어둠 속에서

비 온 뒤 물기 머금은 흙이 살갑다
잡 풀을 수확 하려고 밭에가니
호미가 없어졌다
키 큰 망초가 숨겨버리고
질경이는 모른척 바짝 엎드려 있다
이때,
녹색 텐트 줄기에 이고
잡풀 덮어 버리겠다고
몰려오는 호박
숨지못한 잎들이 가늘게 떨 때
팔목이 시리다
패악질 멈추고 금잔디로
환생 하겠다고 목소리 높다

우울한 날씨

회색 구름은
암울한 시간을 털어 낸다
땀 방울에 숨겨진 아픔은
또 다른 곳으로 달아난다
희미한 그림자만 되살아난
시린 비를 맞으며
흩어진 씨앗을 광주리에 주워 담는
일어서기를 반복하며
멈춘 시간속에 한 낮을 붙들고 선 나무는
휘어진 허리가
기웃뚱 거린다 숨 고르기에
무거운 짐을 비운
하루살이 마침표가 지나간다

장마철

해운대 백사장 해무를 걷어내고
해가 떠 오르니
장마비 눈물은 만주 벌판
여행 길 떠나고 졸고있는
늦 봄이 달음질 치더니
숨가쁜 더위에 겉옷을 벗는다
풀 죽은 빨랫감이 긴장을 풀며
빨래줄에서 눈 웃음친다
오륙도에서 구름 등에 업혀
달려온 바람이 누리마루에서
긴 하품을 한다

젖은 바닥

작은 언덕에서
반디불과 숨바꼭질 하다
해먹에 누워 선잠이 든 사이
소나무가 주목 나무에게
건네는 말을 들을수 있고
백설공주 들꽃이
바람에게 전하는 소리는
케잌을 맛보는 부드러운 맛
허기진 어깨와 무릎이
몇 년 걸려 다듬어 지고 있다
달과 별이 함께있는
이 밤은 소나무 골에서
식물들과 호흡하며 동침한다

하늘엔

언덕을 걷는 길 비틀거리고
지친 몸 쉬고 싶을때는
흙 내음 맡으며 누워서
하늘이 그린 그림을 본다
산정 호수에 든 꽃 구름은
어디로 가는걸까
쉬어가는 바람 껴안고 눈을 감으면
젖지 않는 곳으로 홀로 떠 간다
나무 뿌리 부딪치면
눈을 뜨겠지 구름이 피워올린
배롱 꽃이 햇살아래 무지개다

혼돈 속으로

벡스코 가을 콘서트엔
별빛 쏟아지는 화려한 조명아래
무대위에 이문세 가수는
광화문 연가로 시월 밤을 흔들어
객석에 앉은 사람들 일으켜 세워
꽃 등불을 손에 켜고 춤을 추게 한다
가을밤은 공연장
열기에 젖어 주름살을 삼키고
온 몸을 흔들어 댄다
졸고 있던 고즈넉한 수영강이
함성소리에 잠깨어 출렁되며
물결도 춤춘다

자연의 꿈

김순여 제4시집

가을

낙엽을 줍다

달을 보며

밤 하늘 하현달을 보며
두 손을 모았지요
잠을 설치며 화살기도는
과녁으로 날아가고

아침 되어 병원 문턱이 높아서
겨우 들어갔어요
수술실 가는 발걸음이
자꾸만 뒷걸음질

회복실에서 이불을 덮어주며
토닥거리는 자식손에 온기를 느낄 때
눈 시울이 뜨거워 졌어요
새 가슴 되어 목젓을 찌르는
가족울타리는 따뜻한 보석으로 다가온다

낙엽은 지고

가을이 지나가는 산골에는
가지를 떠나는 나뭇잎 가득하다
떨어져 바람에 쓸려가는 소리에
목덜미가 서늘하다
벼랑틈새 엎드린
메마른 이끼위에도
흐르는 물 위에 작은 배를 띄운다
붉은 단풍나무에 매달린 연서들이
떨어지는 슬픈 몸짓
붙들어도 떠날 수밖에 없는
수레바퀴

낙엽을 줍다

바닷가 모래 바람에 굴러가는
붉은 작은 손들 데리고 왔다
떨고있는 숨소리가 아프다
따습게 감싸고 한잎 두잎 닦아주니
윤이나는 벚 나뭇잎

가을과 겨울이 손 잡은 밤 하늘에

별들이 잎으로 피고
가로등이 걸어오면
그림으로 걸어야 한다
빈 가슴 채워질때까지
별을 바라보는 눈 빛

기분전환

운무속에 숨겨진 마을은 고요하다
깊은 잠에 빠진 산 길을 걸어가니
졸참나무 빈 가지가 야위어 가고
발밑에 사각이는 낙엽 내음이
무거운 발길을 치유해 준다
신음하듯 아팠던 빛 바랜 딱지를
떼어내고 나니 맑은 하늘이 보인다
가슴 한 쪽 비워둔 항아리를
열어 보일수 있는 얼굴 그립다
비 바람에도 의연한 소나무들이
걸어가는 길에 등을 밝혀준다

구름 속에 숨긴 시간

정년을 덮어버린 발걸음이 바쁘고
푸른 세대와 눈을 맞추며
질주하는 수레바퀴 소리 요란하다

이젠 속도를 줄이고

눈에 익은 길만 걸어가면
돌맹이는 부딪히지 않기에
가시숲은 멀리있다

걸어온 발자국 돌아 가고 싶지 않는 길

솔 숲에 누워 풀벌레 소리
하늘을 보며 열매속 가을을
걷는 여자

강물에 비친 달빛

수영강변 내려온 둥근 달
물속에 피어난 금빛 소나타
어둠속 고요를 품고
모두가 지나버린 꿈 같은 시간들
살며시 그려지는 흰 그림자에
라벤더 향기 미풍에 띄우고
서성이던 발걸음 멈추며
처연한 가을밤 홀로남은 야윈 가슴과
작은 두 뺨에 흐르는 바람결이며
고요에 잠긴 이밤에 헤아린 조각을 맞추며
붉은 눈망울로 밤을 지새운다

조용한 삶

마른나무가지 주워서
언덕 위 새 집지어
날개로 날아든 새들과 살고싶다
텃밭에 조그마한 먹거리 심어서
새들 먹이 주고 우짖는 소리에
기쁨 느끼며 자연인 되어
세상 바깥 생활 잊어버리고
노을빛 쓰다듬고
빈 그림자 속에서 밤이되면
호롱불도 켜두고
모든것 내려둠을 준비하며
뒤 돌아보지 말고 걸어가는 길을 배워야 한다

연인들

상큼한 앳띤 처자
남친에게 번개같이
입술을 데였다 떼고
마주보며 웃는다

모습이 귀엽고 천진스러워
채송화 꽃이 매달리고

지하철에서도
사람들이 많은 길에서도
에스컬레이터에서까지

남 시선 보지 않고 입술을 포개는
모습이 요즈음은 사랑스럽다

석양은 노래를 싣고

다대포 바닷가에서 신발벗어 들고
은모래위 자박자박 걸을 때
흐르는 저 물은 내 마음이고
서산에 넘어가는 석양은 우리네 인생이다
키 큰 갈대는 바람에 서걱이고

눈앞에 누군가 나타날것 같은 예감에
뒤를 돌아보는 내 모습이 노래가 되어
전국을 여행한다
가곡 '노을' 시작노트다
김성희 작곡가님 곡 백여편 중에서
선정된 스물네곡이 서울 푸르지오 아트홀에서
음악회가 개최된다.
내가 아끼는 '노을'과 함께 작시자로
초대받아 매우 기쁘다

*가곡 '노을' 의 시작노트

서산에 걸터앉아

오늘도 해는 서산에 걸터앉아
또 하루가 가려한다
이제 내 인생도 거의 다가고
감정도 느슨해져서 무덤덤 하며
외로움도 견딜 만하다
빚진것도 받을것도 없으며
버리고 갈 것만 남은거 같다
참으로 홀가분하다
고달픈 발자국 달래고 나니
해 걸음 그림자로 남았는가
기도 생활과 글쓰는 시간
노래와 더불어 날 지탱하고있다

밥을 먹기 위해

앙골라 검은 피부에
눈이 슬픈 엄마는
자식만 네명 남기고 날아간 아빠
먹을것이 없는 가족은 지쳐있다
젓 달라고 보채는 막내를 업고
한 손엔 팽이를 들고 공사장으로 간다
셋째에게 아기를 맡기고
이틀을 굶은 허기진 힘으로
살기위해 땅을 파기 시작하지만
아기 울음소리에 품삯 몇푼으로 쫓겨난다
쌀 한주먹으로 밥을지어
바닥에서 손으로 집어먹는 검은피부손
어깨에 짊어진 수레바퀴는
기댈곳 없는 언덕을 숨차게 오르는
날개짓이 무겁기만 하다

떠날 준비

또 하나 마른잎이
세찬 바람에 어딘가로 떠나고
다 털어낸 나무는 깊은 잠을 잔다

지난 삶을 남겨둔 채
날개짓으로 강을 건너는 기러기 떼 처럼
뒤 돌아보지 않고 가야할 길
한파 앞에 떠나는 긴 아픔에서
모든것 내려놓고 갈길을 배워야 겠다
돌아오기엔 먼 여정
길 떠난 나그네 뒷모습은 어떨지

나뭇잎

가을이 우는 소리

나뭇잎 떨어져 바스락 소리에

스쳐간 사람도 그리워진다

바닷가에서

인적이 없는 고요한 해변
물결은 쉼없이 춤추고
바람으로 수 놓은 모래사장 위에
하얀 포말되어 씻기우는 몸짓이다

가슴 열어 놓고
미움 한 알 삼킨다

꽃잎 지듯 져버린 날들
기도하듯 노래하리
노을 아래선 모두가 그리움이네
시린가슴 언저리에 부질없는 그림자
끌어안고 걷노라면
눈 앞에 닥아온 그림앞에
그리워 하며 또한 지워야 하는
초라한 슬픔이다

노을

만남과 환희 그리고 또한
사랑과 이별이여
이 모두가 잠깐 머문후에

작은 가슴은 야위어 가고
하나 남은 마른 잎
바람에 실려 어딘가 떠나네
홀로선 가로등이 나를 바라보네
저녁놀 등진 내 그림자
은빛 카펫 바라볼 때
어디선가 부르는 소리에
돌아보니 바람이어라

*가곡 '노을' 김성희 작곡

9월이 오면

햇살아래 가을 오는 소리가
귓전에 들린다
한풀 꺾인 열정온기 한결 차분해진다
매미 소리가 어느듯 풀 벌레 소리로
바뀐요즘 바람곁에 한 걸음 더 가까이
고요하게 빠져 하늘을 보면
파란 색지위에 꽃들이 피어 흘러만 간다
은빛 가을 조롱박 귀여움
능금 볼에 붉은 색 물들고
들녘에 황금 빛 춤추면
남은 길섶에 마르지 않는 마지막 갈증을
끝나지 않은 노래로 채워간다

거창 저수지에서

해 맑은 미소 머금고
손 짓하는 벚나무 곁에
나비 한 마리 따라다닌다
가냘픈 몸매에 표정없는 얼굴
넘겨주는 마음 편하다
광주리에 한잎 두잎 쌓아둔
꽃잎을 오는길목 깊은 저수지에
뿌리고 하늘을 바라보니
구름은 색지위에 선을 그어댄다
목마른 고백은 깊이 감추이고
물결위에 애처러운 조각들은 흩어지고
짙은 고요가 내게 찾아와
삯을 틔우지 못한채 뿌리만 가쁜 숨을
품어내고 있다

가슴시린 해후

강가에서 노을 빛 바라볼 때
잃어버린 양 한 마리
튼실한 나무되어 찾아왔다
모래알 같은 시간속에서
잊지않고 눈썹 달 에게 촛불을 밝혔지
가시숲에 긁힌 상처 치유하고
이젠 그늘을 밀어내고
무너지지 않는 숲길을 걸어가면
섬하나 등불을 밝힌다
식탁을 움켜진 어둠이 깜짝 놀라
뒷 걸음 칠때까지 눈가에
새벽빛 밝히고 시린 바람 닿지않게
따스한 온기로 너를 데워주련다
시린 마음은 무엇으로 따뜻하게
해줄까 그 많은 세월을

배고픈 손수레

해운대 중동 거리에
폐지 줍는 어르신 손수레에
오늘도 두 마리 강아지가
목줄에 따라 다닌다
흰털엔 먼지가 쌓였고
몸집도 야위어 초라하다
해는 서산에 걸터 있는데
리어카는 배가 고프다
시린 하늘가에 가라앉은
소리없는 외침이 출구를 잃고
지쳐가는 긴 호흡이 힘겹다
숨을 쉴 때마다 어르신의 기침소리가
땅 바닥에 남아있고
발자국은 서럽게 울먹인다

넘어지다

어깨에 매달려 있는 버릴수 없는짐
머리에 이고 질척거리는 늪 속을
허우적 거리다가
넘어지면 다시 일어나
지팡이를 잡았다 살점 오려낸
상처에 새살 돋아나고
시든 잎 털어내는 은행나무를 보며
매무새를 다독이고
재 넘어 발걸음 재촉하고
아무도 동행할 수 없는 길
보이지 않는 출구 어둠과 타협하고
지쳐가는 호흡이 힘겹다
걸어온 길 다시는 되돌아 가지 않으리라
여기서 시간이 멈춰 쓰러진다 해도
절망하지 않고 슬퍼하지 않으리

겨울 문 턱에서

바닥에 떨어져 뒹구는 나뭇잎새
갈길 잃고 바람에 몸 맡긴채
사각소리 내며 슬픔도 참고 어둠 향해 가고 있다

저물어 가는 따스한 햇살 끝자락에
몸음 맡기고 겨울 회초리가 치맛자락 흔들며
갈길 바쁘다고 재촉하는 추위

저항할 수 없는 힘에 떠도는 바람 소리뿐
휑한 주변 돌아보며 조금씩 비워내는 연습뿐
가슴 아래까지 조이는 외로운 시간들
더 이상 가질것 도 없고 잃을 것 없는
모퉁이에 숨어서 깊이 저무는 세월 한 자락에
기억할 수 없는 시간들
서툴고 무모한 낡은 흔적을 잃어버린 그림자에
걸어가는 발자욱 마다 눈 웃음 치고 있다

가을이여

가을에는 위로 받게 하소서
땀방울에 절어진 몸과 마음을 식혀주소서
한 없이 무너지는 힘든 나날속에서
헤어나게 하소서

이른 새벽 산책 길에서 들려오는
풀 벌레 소리에 치유 받으며
산듯한 바람에 취하여
발걸음이 느릿해 지게 하소서

눈 부시지 않는 들 꽃 한 송이
바라보며 위로받게 하소서
연둣빛 들판에 고개숙인 벼
언덕배기 붉은 열매에 감사하며
쌓인 나뭇잎에 누워 높은 하늘을
보게 하소서

벽

코스모스 핀 언덕에는
땅에 묻혀 말라버린 바람소리가 있다
참지 못해 입에서 빠져 버린 말
멍은 자국되어 살아난다
서랍속에 곱게 간직 못한 단맛
되돌릴수 없이 날아가 버린 쓴맛
날카로운 시선이 송곳을 밟는다
쉽게 뱉어버린 아들 자랑거리가
딸과 벽을 만들어
눈 앞에 물안개 자욱하다
비밀 창고에 정갈하게 쌓아놓은
침묵이 깊은 강물에 돌 던지는 말
무서운 속력으로 가시가 되었다

문화로

서면 문화로 거리엔
모양새를 낸 간판들이 살고 있다
붐비는 인도 한 켠에
시비가 자리잡고 눈길을 끈다
마음에 닿는 향기를 느끼며
한구절 눈을 지긋이 감고

나는 누구인가

새하얀 밤을 지새는 날도
힘들지 않는 것은 백지와 펜
시인들 발걸음이 젖어있고
반짝이는 별 빛을 향해
가슴 열고 걸어간다

모자를 쓰다

스킨 내음 나는 바람이
졸고 있는 나를 깨운다
청아한 물소리에 취해 보자고
귓전에 들리는 달콤함에
적요로 숨 죽인 뜨락이 환해진다
목덜미를 간질이는 눈빛에 취해본다
베레모를 눌러 쓰고
변신한 모습 거울에 담는다
반짝이는 밤 거리는 가슴이 부풀고
발걸음 신세대와 맞추고
포장마차 떡볶이에 입맛 돋우며
몸짓이 풍선되어 흐트러 지고있다

마네킹

서면 의류 매장 인도안에서
옷을 갈아입는 여자가 있다
오똑선 코 빨간 입술 라인 잡힌 몸매
민 몸으로 벗겨진 모습은 조각품이다
매일 날개 옷을 갈아입고
빨간 손톱 살짝 올리고
사람들을 매장으로 유인한다
사내 두명 지나가며 벗은 몸에 빠져
얼굴엔 환한 웃음이 눈에 걸리고
취한 걸음이 허방에 빠졌다

딱새에게

하동 최첨판댁 한옥 마당에
장독대가 윤이난다
감나무 가지에 깃털하나 물고
눈 웃음 치는 딱새
둥지를 짓나보다
작은새야 노란 부리 새끼 품고
초원에서 뜨는 별아래
해바라기 여문 씨앗 뿌려
평사리 들녘을 노랗게 물들이자

시월이여

초 가을밤
은은한 달빛 엮어 수놓은
오륜동 시골 길 풀벌레 우는 소리가
발목을 잡는다 지휘자 없는
연주가 오케스트라
스산한 갈 바람에 스치는 저 달빛은
살을 저미는 외로움 속에
누군가를 그리워함이다
머잖아 가을 정원에 주홍색 꽃 피어나면
처절히 고운 보름 밤 안고
가을 앓이로 쓸쓸히 홀로 지새우면
가을뒤 숨어있던 긴 겨울이 찾아오겠지
찬 바람에 흔들리는 우리네 삶
가슴을 담아둔 그리움으로
기다려지는 계절이다

시간 도둑

해거름진 돌담에 기대어
바람에 날아간 길 쓰다듬고 있다
마르지 못한 젖은 가슴에

휩쓸려 가는 가랑잎

숨 가쁘게 걸어온 그림자를 다독이며
한 겹씩 넘겨보는 줄 무늬가 눈 시울이다
광주리에 쌓아둔 씨앗을 나누고

다시 맨발로

먼 길 돌아온 발목을 만지며
꽃씨를 뿌린 외딴섬에
밤 이슬 내린다

인생

세상 가득 바람만

불어올때

구름 한점 떠 돌아가고

무거운 어깨가 나를

일으켜 세워

다시 일어나 걷는다

배추 모종

텃밭에 퇴비 넣어 골고루 섞어서
구름속 숨은 햇살과 바람 한 움큼 집어 넣고
논두렁 올챙이 울음소리도 숨겨두고
이틀동안 깊은 잠을 재웠다
배추 모종 한 판 심고 며칠뒤 가보니
숨겨둔 하얀 발가락을 펴서 자리를 잡고
녹색 엉덩이를 바닥에 일어서고 있다
자주 만나자는 약속 밭에 새겨 놓았다
밤 이슬 내리는 동안 체온을 나누고
서두르지 않고 이웃과 허리 맞대고
내 발자국 소리 귀 기울이라고 다독이고
물을 듬뿍 주고 돌아 오는길
실눈 뜬 아기 배추 후레아 치마를 입혀 주고 싶다

자연의 꿈

김순여 제4시집

겨울

바람 부는 대로

그대 곁으로

어느날 네가 부드러운 바람되어
다시금 나에게 온다면
그대 어깨에 기대어 노래 하리라
별빛 안고 창을 두드리면

이슬에 눈 비비고 귀 기울여 맞이하리라
가슴에 간직한 영롱한 진주처럼
미소짓고 내곁에 돌아온다면
달빛되어 포근히 안기리라
숲속 고요와 달콤한 꽃 내음에 취해 보리라
지나간 아픔은 강물에 띄우고
두손 꼭 잡은 이 순간을 소중히 여기며
사루비아 꽃잎되어 영원히 간직 하리라

별리

슬픈 눈을 가진자여
뒤돌아 보지말고 가소서
떠나는 그대 뒷 모습이 아른거려
힘든 나날이지만
홀로 저밀고 지우는 반복된 또
하루가 오늘도 저물면
작은 상자에서 보고 접은 시간이
강물되어 흐르고
아직도 가슴에 남아있는
그림자 끌어안고 어둠이 닥아오면
그대 이름을 처연하게 내려놓고
옷깃 여닫고 밤하늘에 노래하는
눈썹 달이 되리라

골목길

남포동 잿빛 시간에
술이 만나고 싶은 추씨
느티나무 가로수에 지는 햇살 아쉬운 걸음이다
소리가 소리를 집어 삼킬 때
냄새따라 들어간 곳은 양 곱창구이 집이다
연탄불에 노릇한 고기 한 점으로 허기를 채운다
하루를 묶었던 넥타이가 너털 웃음이 소주잔에 담기고
권하는 술 한 잔이 목마를 탄다
높이 솟은 네온사인
뒤척이는 밤을 보살핀다
밤 하늘 아래 지쳐가는 호흡
발걸음이 휘청거린다
빌딩숲 골목길 얼어붙은 땅 아래
겨울나무는 슬픔을 딛고
내일을 향해 걸어간다

눈 쌓인 산

낮은 자리에 마른 풀포기 엎드린
겨울 산자락 고요함이여
아름다이 순결한 눈이 쌓이면
골짜기 얼음속에 돌돌 작은 물 흐르고
키 큰 나무에 눈 꽃이 피어 산을 밝히네

가슴벅찬 바람의 노래 메마른 가슴 휘돌아
세월도 그렇게 흘러갔거니
먼길 떠나지 못한 나그네 숨소리
눈 속에 묻고 얼어붙은 하늘 바라보네

또 다시 떠나가는 구름에 안겨
홀로 걸어온길 뒤돌아보며 걷고 있구나
넘어지면 다시 일어나 두손모아 감사하며

한 해를 보내며

세찬 바람에 휘청거리는 우리네 삶
겨울은 몸도 마음도 차갑다
떠날 준비를 마친 나무들은
입새를 다 떨구고 가벼운 몸이되어
끝 자락을 향해 가고 있다
차가운 땅은 서리에 몸을 떨며
새 생명을 준비하며 침묵속에 잠들고
벼랑끝 바위에 엎드린 이끼들
서로 껴안고 떨고있다
이별하는 계절 앞에 낙엽들 바람에
몸 맡기고 스산한 거리를 걷는다
차가움 속에서도 작은 따스함
마음속에 담아 두고픈 날이다

물 흐르듯

나홀로 삶을 서러워말고
저 높은 산이 세월을 받아들이고
바위를 비켜가는 물 되어
흐르며 살라 하거늘
내가 지금 어디쯤 가고 있는가도
생각 말고 바보 되어 따라가자
기억속에서 차츰 멀어지는 것도
서글프게 생각지 말고
그 누구도 가슴을 아프게 말고
함께 정을 나누며 손을 잡으리라
세월은 경험에서 얻어지는 지혜
굴곡없는 삶이 없기에
오늘도 난 개여울에 넋을 잃고
우두커니 앉아있다

바람 부는 대로

부질없는 생각에 사로 잡혀서
힘들어 하지말자
아직도 놓지 못해 힘든시간 이젠 접고
유유히 흐르는 강물을 바라보자
흘러가야만 새것이 채워지지 않느뇨
순리대로 살아가는 것이 삶이다
내 곁을 떠나지 않고 머물러 있는
인연에 감사하고 잡을 수 없는
바람이거늘 이 또한 다 지나가리라

사랑스런 큰 딸아

네가 태어나 행복했고 처음으로 엄마가
된 기쁨은 온 세상을 얻은것 같이 기뻤다
유난히도 잔병치레를 했던 너

세상가득 바람만 불어
내 눈가엔 눈물이 고였지
널 위해 저 하늘높이 화살기도로
두손모아 행복을 빌었다

언젠가 내가 없드래도 슬퍼말고
두려워 말고 너 인생을 꽃 피우며 살거라
널 위해 높은 곳에서 지켜보며 기도하마
동생들은 너가 감싸주고 의좋게 지내면
난 마음을 놓겠구나

내가 너희 형제들은 사랑하듯이
네가 엄마 자리를 대신해 주려므나

악보를 친구삼고

아침에 눈뜨면 기도하고
다음엔 악보를 들고
성악가 연주에 귀를 기울인다
세상살이에 수많은 발자국들
닳은 신발끝에 노래를 달고
새벽 운동에서도 허밍으로
먼 하늘 보며 흥얼되는 것이
하루일과다
가사들이 영롱한 진주 같은 시 이기에
복잡한 뇌를 안정시켜준다
생각해보면 출퇴근 하며 바쁜
삶속에서도 글쓰기와 가곡교실
수업이 노후에 친구가 되어
외로움을 달래어준다

불면에 시달리며

공중에 매달린 새장에 갓혀
밤새 떠 다닌다
어둠속에서 눈을 감아보지만
빛이 되어 시달리고 있다

오후에 마신 아메리카노
커피 한 잔이 잠을 지운다
바로 누웠다가 옆으로
돌아 눕기를 반복 하지만

빛과 어둠이
숨바꼭질 중이다
달빛 데려와 청해 보는 잠
뜬 눈 지새운 매마른 밤이여
하루 그림자를 차곡이
서랍속에 가두고

겨울 바닷가

메마른 풀잎 사이로
찬바람 불어오면
나 홀로 찾아와 눈 맞춤한다

맑게 흐르는 저 바다속에
세월은 그렇게 흘러갔구나
누워있는 갈꽃속에 길 잃은 난
하얗게 얼음조각 되어 서 있구나

고기잡이 나룻배엔
부서진 나그네의 슬픔인가
하얀 눈은 곱게도 쌓이는데
찬 공기 메마른 가슴 휘돌아
먼길 떠나는 구름의 노래
빈 가슴 안고 우두커니 듣고 있구나

해운대 밤바다

백사장에 어둠이 내리면
불빛아래 화려한 빌딩 숲이
모래 위에 서있다
어린소녀 귓불에 생기는 솜털이
바람에 파르르 떨면
손짓하는 모래사장 영롱한 빛은
해변에 쏟아지는 별빛과 파도에
몸 둘 바 몰라 모래에 숨는다
달은 소리없이 지친 다리를
구름사이 잠간 쉬었다가 조각배 타러온
별들을 맞이한다 아픈 상처로
남겨진 발자국 바다빛 향연에 초대된
손님들 여명이 밝아 오는 해변에는
쓰다버린 글씨만 모래위에 뒹굴고
지나버린 옛 그림자만 포말되어 부셔진다

나의 조국이여

차거운 눈바람이 매섭게
얼굴을 할퀴는 아스팔트에는
모두를 꽁꽁 얼게한다

껴입어도 추운날씨
마음이 추워서일까
아득한 진달래와
철새마저 떠난 세상

둥지에 잠들어 있는 봄은 언제오려나
평화롭고 따스한 계절이 무척이나 기다려진다
헌법재판관에서 탄핵으로
또 다시 슬픈 역사를 남겼다

자연의 꿈

인쇄일 2025년 5월 07일
발행일 2025년 5월 10일

지은이 김순여
펴낸이 박철수
펴낸곳 도서출판 해암

등록번호 제325-2001-000007호
주소 부산시 중구 대청로 138번길 9 (대원빌딩 302호)
전화 051)254-2260
팩스 051)246-1895
메일 haeambook@daum.net

ISBN 978-89-6649-262-6 03810

값 13,000원

 * 본 사업은 2025년 부산광역시 부산문화재단
(부산문화예술지원사업)으로 지원을 받았습니다.

저작권자 ⓒ 2025, 김순여
이 책의 저작권은 저자에게 있습니다. 서면에 의한 저자의 허락없이 내용의 일부를
인용하거나 발췌하는 것을 금합니다.